FENG SHUI FÜR GARTEN, BALKON UND TERRASSE

Werner Waldmann
Pat Allin

FENG SHUI

FÜR GARTEN, BALKON UND TERRASSE

DEN ÜBERGANG ZWISCHEN WOHNBEREICH UND

WELT ENERGIEBEWUSST GESTALTEN

Urania

Die Deutsche Bibliothek – CIP-Einheitsaufnahme

Waldmann, Werner:

Feng Shui für Garten, Balkon und Terrasse : [den Übergang zwischen Wohnbereich und Welt energiebewußt gestalten] / Werner Waldmann ; Pat Allin. [Zeichn.: Katrin Beyer]. - Berlin : Urania Verlag, 1998
ISBN 3-332-00658-4

Umschlaggestaltung: Rex Verlagsproduktion
Titelbild: IKEA Deutschland
Zeichnungen: Dr. Katrin Beyer
Redaktion: Marion Zerbst
Korrektur: Karl Beer, Andrew Leslie
DTP-Supervisor: Bernd Hirschmeier
Scans: Eva Maldener
Produktion: Meditext, Stuttgart
Druck: Westermann Druck Zwickau GmbH
Printed in Germany
Gedruckt auf alterungsbeständigem Papier und chlorfrei gebleichtem Zellstoff

© 1998 by Urania Verlag
in der Dornier Medienholding GmbH, Berlin.

Die Ratschläge in diesem Buch sind von Herausgeber und Verlag sorgfältig erwogen und geprüft, dennoch kann eine Garantie nicht übernommen werden. Eine Haftung des Herausgebers bzw. des Verlags und seiner Beauftragten für Personen-, Sach- und Vermögensschäden ist ausgeschlossen.

ISBN 3-332-00658-4

Bildnachweis: Dr. Christian Kaplan (4), Lana Quellbrunnen (3), MediText (15), Silvestris Fotoservice (10)

INHALT

HARMONIE UND GLEICHGEWICHT IN DER NATUR

Es gibt sehr viel Literatur über Feng Shui. Wir haben uns vorgenommen, in diesem schmalen Band praktisches Wissen zu vermitteln für denjenigen, der sich vorerst noch nicht die Mühe machen will, sich intensiv mit dem chinesischen Denken auseinanderzusetzen, das die Basis für Feng Shui ist. Dies ist auch ein, wenn wir ehrlich sind, nicht ganz einfaches Unterfangen.

Denken und empfinden wie ein Chinese

Die chinesische Philosophie weist wenig Parallelen zum abendländischen Denken auf; sie ist etwas ganz Eigenständiges, das man nicht einfach wie einen neuen Wissensstoff aufnehmen kann. Man muß in diese Gedankenwelt, ihre andersartige Logik, hineinwachsen. Insofern ist der Wunsch

verständlich, rasche Basisinformationen über Feng Shui und vor allem eine unkomplizierte Handlungsanleitung dazu in die Hand zu bekommen.

Wer Feng Shui „richtig" erlernen will, braucht Geduld. Sicher hilft ein ausgiebiges Literaturstudium, doch alles Gedruckte ersetzt nicht den Lehrer, denn Feng Shui setzt eigentlich kein bloßes Regelwissen voraus, sondern Sensibilität – und diese Fertigkeit läßt sich nicht anlesen: Nur in sehr langer Übung kann man diese Kunst beherrschen.

Wir haben jetzt geklärt, was dieses Büchlein nicht beabsichtigt, Sie nämlich zu einem Feng-Shui-Experten zu machen.

Dies würde uns übrigens auch nicht gelingen, wenn wir dreihundert Buchseiten zur Verfügung hätten. In ein solch dickleibiges Buch würden wir dann nur ein Vielfaches an Informationen zwängen, die in ihrer Fülle und Komplexität mehr verwirren, als

Die Kunst des Feng Shui besteht darin, mit der Natur in perfektem Einklang zu leben. Dazu braucht man vor allem ein tiefes Einfühlungsvermögen.

7

Feng Shui ist eine komplexe Wissenschaft, die auf jahrtausendelanger Naturbeobachtung und -interpretation chinesischer Philosophen basiert.

daß sie dem Feng-Shui-Neuling nützen könnten – weil eben die Denkweise dahinter eine völlig fremde ist und vom abendländisch auf Logik trainierten Verstand ganz schnell als esoterisch in eine bestimmte Ecke gerückt wird.

Wir möchten Ihnen zwar auch Grundsätzliches über Feng Shui erzählen, dies aber in einer Dosierung, die leicht verdaulich ist und Ihnen zumindest einleuchtend nahebringt, was Feng Shui nicht ist und was man damit tatsächlich anfangen kann.

Wesen und Spielregeln des Feng Shui

Wir wollen das Gedankengebäude des Feng Shui aber etwas vereinfachen, so daß Sie – mit asiatischem Denken wenig vertraut – nicht ständig über Ihre eigene Logik stolpern müssen und sich in den Feng-Shui-Regeln schließlich gar nicht mehr zurechtfinden. Der Feng-Shui-Experte möge uns dies verzeihen.

Und schließlich ist es unsere wichtigste Absicht, Ihnen die elementarsten Spielregeln des Feng Shui leicht verständlich zu vermitteln, mit denen Sie Ihre eigenen „Umweltprobleme" ganz gut zu lösen in der Lage sein wer-

den. Feng Shui also auf europäische Bedürfnisse übersetzt und anwendbar gemacht, wobei die Übersetzung natürlich nie das Original erreichen will und kann.

Intuition als Wissenschaft

Seit über 7000 Jahren – vielleicht reicht diese Zeitspanne noch weiter zurück – beschäftigen sich die Chinesen auf ihre Weise mit der Frage, wo das Leben herkommt und was Leben überhaupt ist. Dabei beobachteten sie die Natur, die den Menschen umgab, mit großem Einfühlungsvermögen. Uns mag dies heute in einer Zeit, in der alles berechenbar scheint und in der nur das Bestand zu haben scheint, was sich via Logik und mathematische Formeln „beweisen" läßt, eher in Richtung Mythologie und Aberglaube gehen.

Verblüffend ist nur, daß diese philosophischen Grundsätze bis in die Gegenwart die Basis beispielsweise auch für die chinesische Medizin sind, angesichts deren Erfolgen auch in der westlichen Welt immer mehr skeptische Stimmen verstummen, weil die Sache ganz offensichtlich funktioniert. Bei uns spricht man dann oft von Wundern, weil unsere etablierte Naturwissenschaft keine Erklärungen etwa für das Funktionieren der Akupunktur parat hat. Es muß – so gibt man etwas mürrisch zu – schon etwas daran sein an der chinesischen Medizin. Das gestehen inzwischen auch Leute ein, die in diesem Zusammenhang vor kurzem noch von Humbug und Selbsttäuschung zu sprechen pflegten.

Die Chinesen haben ihre Umwelt und die Wechselwirkung einzelner Kräfte darin vielleicht eingehender beobachtet als wir Europäer. Das chinesische Denken arbeitet mit klaren, eindeutigen Begriffen, die sehr anschaulich, ja sogar poetisch sind. So heißt Feng Shui, wenn man es wörtlich übersetzt, nichts anderes als Wind und Wasser.

Wind und Wasser

Für die Chinesen sind die beiden Elemente Wind und Wasser grundlegende Formen der Lebensenergie. Dies ist auch für uns nicht neu: Ohne Wasser und Sauerstoff könnten wir nicht existieren. Was wir in chemischen Formeln festhalten, drücken die Chinesen sehr poetisch mit den beiden Begriffen WIND und WASSER aus. Freilich erfassen sie damit begrifflich viel mehr als wir mit den bloßen chemischen Begriffen und biologischen Abläufen.

Energie hält alles Leben in Gang

Die chinesischen Philosophen haben ein komplexes System aus feinfühliger Naturbeobachtung und ebenso empfindsamer Deutung dieser Tatsachen entwickelt.

Der ganze Kosmos ist erfüllt von Energie. Energieströme umfließen ständig die Erdkugel, und jedes kleinste Wesen trägt eine eigene Energie in

Das chinesische Denken betrachtet den Menschen in der Umgebung, in der er lebt – und die ihn nachdrücklich beeinflußt.

Die chinesischen Schriftzeichen für Wind und Wasser bedeuten Feng Shui.

sich. Die chinesische Philosophie billigt diese Energie nicht nur organischen Wesen wie Mensch, Tier und Pflanze zu, sondern auch der anorganischen Welt – also Steinen, Bergen, Hügeln, Flüssen, dem Meer oder Teichen –, die wir für „tot" halten.

Feng Shui ist nun eine sehr praxisnahe, aus der Empirie herrührende Kunstfertigkeit, das Leben des Menschen in dieser Umwelt bestmöglich einzurichten. Die Feng-Shui-Regeln erwuchsen aus einer genauen und jahrtausendelangen Beobachtung, wie der Mensch auf bestimmte Umwelteinflüsse reagiert – ob er gesund bleibt oder krank wird, ob er geschäftlichen Erfolg hat und Glück in seinen privaten Beziehungen.

Aus diesen der Praxis abgelauschten Erkenntnissen formulierten sich im Lauf der Zeit Regeln, von denen man aufgrund der Erfahrung annehmen konnte, daß sie sich zum Wohle anderer Menschen einsetzen ließen.

Nur ein Beispiel: Wenn jemand, der in einem Haus wohnte, das ungünstig im Schatten eines Hanges lag, nach einiger Zeit von Depressionen und übler Laune geplagt und von Mißerfolgen im Geschäftsleben heimgesucht wurde, sah man die Ursache dafür darin, daß es in diesem Haus einfach zu dunkel war, daß es an Licht als Lebensenergie gemangelt

Feng Shui führt zu Einsichten, Maßnahmen und Ergebnissen, die wir oft auch mit unserem gesunden Menschenverstand als vernünftig erkennen können.

habe, was den Geist des Bewohners krank machte und auch negative Folgen für seine Geschäfte hatte. Die Schlußfolgerung aus diesem Fall ist einfach: Ein Haus braucht gleichermaßen Dunkelheit und Licht, damit es seinen Bewohnern gesundheitlich gutgeht. Und wenn sie fröhlich und harmonisch leben, stellt sich meist auch Erfolg im Geschäftsleben ein. Das eine bedingt das andere.

Feng-Shui-Regeln sprechen das Gefühl an

Das vorher angeführte Licht-und-Schatten-Beispiel ist bewußt recht einfach gewählt, aber auch für uns klingen die Schlußfolgerungen ziemlich plausibel.

Die Umwelt nach Feng-Shui-Regeln zu gestalten mag den Europäer zuerst befremden, weil Feng Shui mit einer Terminologie arbeitet, die uns nicht vertraut ist und wegen ihrer Bildhaftigkeit befremdlich erscheinen mag. Je länger man sich aber damit beschäftigt, um so mehr merkt man, welch tiefe Einsichten in die Natur alles Lebendigen in dieser Philosophie stecken. Man wird auch erkennen, daß diese Erkenntnisse dem, was wir empfinden (man spricht sehr

gerne vom „gesunden" Menschenverstand), gar nicht so fremd sind.

Betrachtet man das Resultat einer Feng-Shui-Maßnahme – beispielsweise einer baulichen Verbesserung im Haus oder im Garten –, kann man ihren Sinn auch mit unserer logischen Argumentationsgepflogenheit sehr oft nachvollziehen.

Der Feng-Shui-Meister rät beispielsweise davon ab, das Bett unter eine Dachschräge zu plazieren, und er begründet dies mit dem ungünstigen Energiefluß.

Damit mögen wir Abendländer, denen diese Energie unbekannt (auch weil naturwissenschaftlich nicht meßbar) ist, unsere Probleme haben, nicht aber mit der an sich ganz naheliegenden Einsicht, daß es sich unter einer Dachschräge eben weniger gut schlafen läßt, weil man sozusagen ständig das Gefühl hat, das Dach lege sich einem auf die Brust und behindere einen beim Atmen. Und außerdem ist eine solche Schlafstelle doch ziemlich unpraktisch, ja unangenehm, weil man beim Aufstehen mit dem Kopf gegen die Decke knallt. Der Chinese spricht von „schlechtem Feng Shui"; wir operieren mit psychologischen Begriffen und sprechen von Platzangst. Zwei divergierende Sichtweisen, die im Endergebnis aber auf dasselbe hinauslaufen.

Wasser und Wind sind im Feng Shui die beiden elementaren Kräfte, die unser Leben ermöglichen und bestimmen.

YIN UND YANG – DAS EWIGE PRINZIP IM KOSMOS

Gegensätze – das lernen wir von Anfang an in der Schule – schließen einander aus. Kalt oder heiß. Hell oder dunkel. Sonne oder Mond. Freund oder Feind. Liebe oder Haß.

Wir denken prinzipiell in solchen Gegensatzpaaren.

Hinter dieser recht einfach zu handhabenden Auffassung steht ein rigoroser Konkurrenzkampf nach dem Motto: entweder – oder. Zwischentöne sind da nicht erwünscht. Gleichwohl wissen auch wir, daß es „eigentlich" in der wirklichen Welt Gut und Böse in dieser extremen Ausformung nicht oder zumindest nur sehr selten gibt.

Auch wir müssen manchmal differenzieren. Ein böser Mensch ist nie „ganz" böse, irgendeinen Schimmer an guten Eigenschaften kann man auch bei ihm entdecken. Nur machen wir uns oft nicht diese Mühe der Unterscheidung. Unser Denken verleitet uns zuerst einmal dazu, alles holz-schnittartig in bestimmte Kategorien einzuteilen.

Gegensätze, die keine sind

In solchen Gegensätzen denken und empfinden Chinesen nicht. Die chinesische Philosophie und Tradition geht davon aus, daß die ganze Welt, sämtliche Manifestationen des Universums auf dem Prinzip des Yin und Yang beruhen.

Yin und Yang sind zwar auch gegensätzliche Pole, die aber niemals allein existieren, sondern ständig den vermeintlichen Gegensatz bereits in sich tragen und dazu tendieren, sich mit ihm zu vereinen.

Yin und Yang symbolisieren zwar Gegnsätze, dennoch stehen sie aber für steten Ausgleich, der Harmonie erzeugt. Die Erklärung für diesen scheinbaren Widerspruch: In ihrer Gegensätzlichkeit vereinen sich beide

Die Urprinzi-
pien des
Kosmos:
Yin und Yang.
Yin steht für
die Nacht, den
Schatten,
die Frau, das
Wasser,
die Freude.
Yang für den
Tag, das Licht,
den Mann,
das Feuer.

Urkräfte. Für sich allein genommen, sind sie nicht existenzfähig, es gibt sie nur in gemeinsamer Vollendung, in der höchstens einmal das Yin, dann wieder das Yang überwiegt. Und selbst dieses Überwiegen dauert nur Momente. Niemals herrscht Stillstand zwischen beiden Polen, alles ist im Fluß: Es bleibt nur die sichere Harmonie des Universums.

Ein dunkler Raum – ein heller Raum

Stellen Sie sich einen Raum vor, der völlig abgedunkelt ist. Sie sitzen mitten in diesem Raum und können absolut nichts erkennen. Dies ist Yin in absoluter Vollendung.

Jemand öffnet nun die Tür einen winzigen Spalt weit: Ein dünner

Jede Erscheinung in der Natur läßt sich Yin oder Yang zuordnen. Yang ist gleichzeitg im Yin und Yin gleichzeitig im Yang enthalten. Beide Prinzipien sind eins und gehen in ständigem Wechsel auseinander hervor.

Lichtstrahl dringt in den Raum und läßt sein spärliches Licht über einen Teil der Einrichtung fließen. Zuerst hatte sich Yin im Raum ausgebreitet, Yang war inaktiv und verborgen. Jetzt aber meldet sich Yang zu Wort und drängt Yin entsprechend zurück. Die Tür wird langsam weiter geöffnet. Mehr Licht dringt ein: Das Yang verdrängt das Yin langsam, aber sicher fast vollständig. Schließlich liegt der Raum in hellem Licht. Von der Dunkelheit keine Spur mehr, doch ganz stimmt das nicht. Obwohl Yang die Oberhand gewonnen hat, ist Yin nicht verschwunden. Die Vase in der hinteren Raumecke wirft doch, wenn man genauer hinschaut, einen fast unmerklichen Schatten: Also ist Yin immer noch vorhanden!

Die Chinesen arbeiten mit einem noch plausibleren Vergleich, um das stete Wechselspiel der Naturkräfte zu veranschaulichen. Sie gehen von einem Hügel aus, den die Sonne morgens von der einen Seite anstrahlt und dann ab ihrem höchsten Stand im Zenit bis zum Untergehen von der anderen Seite in Licht badet. Der Hügel im Schatten ist Yin, der Hügel im Sonnenlicht ist Yang.

Doch eigentlich existiert weder Yin noch Yang, denn der Zustand des Hügels ist in ständigem Wandel begriffen. Die Sonne bewegt sich unaufhörlich, auch die Wolken am Himmel in

YIN UND YANG

Nacht	Tag
Mond	Sonne
Schatten	Licht
Stille	Bewegung
Wasser	Feuer
Rückseite	Vorderseite
Freude	Wut
Frau	Mann
Tochter	Sohn
Mutter	Vater
Boden	Spitze
Winter	Sommer
Kälte	Wärme
unten	oben
zusammenziehend	ausdehnend
abwärts	aufwärts
weich	hart
sauer	süß
traurig	heiter
tief	hoch
stofflich	nicht stofflich
passiv	aktiv

Jede Erscheinung in der Natur läßt sich dem System von Yin und Yang zuordnen.

ihrer ständigen Veränderung filtern das Sonnenlicht, streuen, reflektieren es. Yin und Yang sind Eckpfeiler einer theoretischen Annahme. In Wirklichkeit ist alles in Bewegung. Wandert die Sonne zur anderen Seite des Hügels, rückt die Dunkelheit nach. Kommt die Sonne morgens am Horizont hervor und beginnt ihre Strahlen auf den Hügel zu werfen, wird die Dunkelheit verdrängt.

Ein gewaltiger Prozeß ständiger Bewegung

Yin und Yang bezeichnen einen Prozeß ständiger Bewegung, Veränderung, einer kosmischen Unruhe.

Die Natur zeigt das perfekte Zusammenspiel von Yin und Yang millionenfach. Etwa den Wechsel zwischen Tag und Nacht. Nichts kann dieses ewige Wechselspiel aufhalten. Keine Macht kann verhindern, daß jeder Nacht, ob kurz oder lang, im fließenden Übergang der Tag folgt. Nichts kann verhindern, daß auf jeden Sommer ein Winter folgt, daß sich die Wiesen mit Blumen bedecken und dann langsam das Laub von den Bäumen fällt und eine Schneedecke alles unter sich begräbt, nicht für immer, nur bis zum nächsten Jahr, wo das

fließende Wechselspiel von neuem beginnt.

Die Natur mit ihrem ständigen Wechsel zwischen den Polen ist perfekt eingerichtet – und zwar nicht nur die Natur draußen, sondern auch die Natur in uns. Schlaf und Wachsein, Yin und Yang, auch hier das harmonische Wechselspiel, das Leben bewirkt.

Freilich kann dieser Wechsel, der Harmonie bedingt, auch gestört sein. Der Mensch hat es in der Hand, durch bewußt falsches Verhalten oder falsche Einschätzungen unglückliche Umstände heraufzubeschwören, die den Energieausgleich von Yin und Yang stören.

Wer in seinem Wohnzimmer den ganzen Tag die Rolläden unten läßt, so daß kein Sonnenschimmer in den Raum dringen kann, verhindert ein harmonisches Wechselspiel von Yin und Yang. Das kann Folgen für denjenigen haben, der in diesen Räumen lebt: Er selbst mag sich vielleicht sogar für zufrieden halten, doch in Wirklichkeit ist er es nicht, denn – obwohl uneingestanden – es fehlt ihm etwas, das auch er braucht, wenn seine Psyche und sein Körper weiterfunktionieren sollen. Auch wenn er es sich noch so sehr einredet, er wird kein glücklicher, ausgeglichener und gesunder Mensch sein.

GUTE UND SCHLECHTE LANDSCHAFTS- FORMEN

Alle Bewegung beginnt im Unendlichen, im Kosmos, und endet im Kleinen, im Kern der Materie.

So wollen auch wir zuerst die Weite unseres Planeten betrachten, die Beschaffenheit und Ausgestaltung der Naturräume, um mit diesen fundamentalen Erkenntnissen dann in unsere eigene kleine Welt zurückzukehren: um die Gesetzmäßigkeiten, die für riesige Landschaftsräume gelten, auch in unserer meistens künstlich angelegten Natur kritisch zu betrachten.

Ein Park – beispielsweise rund um eine luxuriöse Villa –, ein Garten, eine Terrasse, eine winzig kleine, bescheiden bepflanzte Ecke vor der Hintertür des Hauses, ein Balkon, ja sogar nur ein blumengeschmücktes Fensterbrett: All das ist ebenfalls Natur, und wir können dieselben Feng-Shui-Gesetze auf die Gestaltung und Wirkung

dieser „häuslichen" Natur anwenden wie bei mächtigen Gebirgszügen mit tief in den Fels eingeschnittenen Flußläufen.

Licht und Schatten, Gebirge und Wüsten

Es gibt vier elementare Landschaftsstrukturen: Berge, Täler, Ebenen und Flüsse. Jedes Landschaftselement erzeugt Yin- oder Yang-Energie, die die Energie jedes einzelnen Menschen beeinflußt.

Yin und Yang sind bestrebt, stets im Einklang, in vollendeter Harmonie zu existieren. Wir erinnern uns an das Beispiel des Schattens: Am Morgen bricht das Licht ins Schattenreich und treibt die langen Schatten der Nacht langsam zurück, und abends wieder das gleiche Spiel, das Licht weicht den Schatten der kommenden Nacht. Licht und Schatten sind aufs erste gesehen Gegensätze, wie sie fundamentaler nicht sein könnten; die chinesische Philosophie betrachtet beide Elemente aber als etwas Zusammengehöriges.

Licht und Schatten können sich nie überlagern. Entweder ist der Lichtanteil größer als der Schattenanteil oder umgekehrt. Und wo Licht herrscht, bleibt dem Schatten kein Raum. Das Zusammenspiel von Licht und Schatten ist vollendete Harmonie. Ein solches Gleichgewicht kann es auch in der Natur geben.

Nehmen wir ein anschauliches Beispiel aus der Welt der Berge. Zackige Bergspitzen, die sich schroff in den Himmel strecken, sind Yang. Um hier das Gleichgewicht herzustellen, bedürfte es eines weichen, fließenden Elements, beispielsweise eines Flußlaufes, der sich durch das Felsmassiv windet.

Alles braucht den Ausgleich

Der Fluß ist Yin. Je schöner und eleganter er sich den Felsen anschmiegt, je ruhiger und friedlicher er sich in seinem Flußbett vorwärtsdrängt, de-

Die weite Landschaft auf der großen Aufnahme – im Vordergrund wüstenartige Flächen, im Hintergrund langgestreckte Bergzüge, die Vegetation äußerst karg – ist nicht gerade ein Beispiel für eine ausgeglichene Energiesituation. Ganz anders dagegen die freundliche Gebnirgslandschaft in dem kleinen Bild links: Zwischen hohen Bergen und sanft

sto größer ist die Kraft des Yin und desto eher hat es eine Chance, das kräftige Yang der Gebirgsformationen aufzufangen und wieder Harmonie herzustellen, die Glück, Wohlstand und Gesundheit mit sich bringt.

Stellen Sie sich jetzt eine weite Ebene vor, in der sich nur ein breiter Strom dahinwälzt. Auch ohne von den Gesetzen des Feng Shui zu wissen, wird manchen bei der Vorstellung dieses Landschaftsbildes ein gewisses Unbehagen beschleichen. Zwar mag einem diese eintönige Ebene mit dem wilden Fluß durchaus reizvoll vorkommen, doch eine ausgeglichene, harmonische Atmosphä-

re strahlt sie nicht aus. Diese eigentlich eintönige Landschaft hat zuviel Yin, es fehlt der Gegenpol, der das Licht- und Schattenspiel perfekt in Gang setzen könnte.

Noch abstoßender wirkt eine öde Landschaft, aus deren Boden die Sonne unbarmherzig jeden Tropfen Wasser zieht, eine schwarze Lavalandschaft, die kein Leben zuläßt, eine unendliche Sandwüste. Selbst ein paar Bergketten vermögen das gestörte Gleichgewicht nicht aufzufangen. Wie großartig, wie sanft wirkt dagegen eine leicht gewellte Landschaft mit Wiesen, Äckern und kleinen Wäldchen aufs Gemüt!

formierten Wiesenhängen zirkuliert Chi in höchster Harmonie. Auch die welligen Hügel im kleinen Foto rechts bieten eine gute Chi-Zirkulation. Dafür sorgen die hin und wieder über die Hänge verstreuten Bäume. Auch paßt sich die leicht geschwungene Hügelform dem Fluß der Energie geschmeidig an.

Wasser und Luft sind die wichtigsten Element unseres Lebens.

Wasser – Element des Lebens

Wasser ist das wichtigste Element für einen ausgeglichenen Energiehaushalt alles Lebens.

Ohne Wasser wäre keine Kreatur lebensfähig. Für jede Landschaft ist deshalb eine Wasserader, schmal oder breit, ein Segen. Die Chinesen sehen in einem Flußlauf eine Schlange oder einen Drachen. Vom Bild her ist diese Sichtweise verständlich, windet sich das Wasser in seinem mäandrierenden Flußbett doch durch die Landschaft – ähnlich wie eine Schlange.

Doch auch Wasser kann eine schädliche Wirkung haben, Wasser kann seine positive Kraft – im Übermaß – auch ins Gegenteil verkehren.

Dies ist ja das Prinzip des Yin und Yang: Nicht das Einzelelement, so wichtig es auch sein mag, sondern nur das perfekte Zusammenspiel zweier Elemente wirkt sich positiv aus. Zuviel Wasser aber ist von Übel: Überschwemmungskatastrophen rauben den Menschen Hab und Gut und nicht selten das Leben.

Es ist ein reizvolles Spiel, dem Sie sich einmal hingeben sollten: Betrachten Sie verschiedene Landschaften, entweder in schönen Bildbänden oder wenn Sie auf Reisen sind.

Gehen Sie mit Intuition an diese Aufgabe heran. Betrachten Sie unvoreingenommen alles, was sich Ihren Augen bietet. Geben Sie sich diesem Bild einfach hin. Schwimmen Sie im Geist in dieser Landschaft. Lassen Sie

Ihr Gefühl sprechen. Nehmen Sie die Farben und Formen auf. Hören Sie in sich hinein, und finden Sie heraus, was einzelne Landschaften in Ihnen bewirken. Geben Sie sich dann auch Rechenschaft darüber, wie Sie sich dabei fühlen: vielleicht unwohl? oder angespannt? vielleicht elektrisiert? irritiert? angezogen von etwas? beglückt? fasziniert? schwankend?

Was für Assoziationen gehen Ihnen dabei durch den Kopf? Erinnerungen? Oder vergleichen Sie etwa unbewußt das Gesehene mit einer anderen Landschaft, die Sie früher einmal erleben durften?

Sie werden erstaunt sein, was Sie dabei alles herausfinden können – Erkenntnisse über Ihre Empfindungswelt. So können Sie sich langsam eine Technik aneignen, Ihre Umwelt – und nicht nur in der Natur draußen, auch in städtischem Ambiente – daraufhin zu prüfen, ob sich die Energiekonstellationen der momentanen Umgebung mit Ihrem Chi vereinbaren lassen! Wenn Sie dazu noch die Regeln des Feng Shui parat haben, sind Sie in der Lage, Ihre persönlichen Wünsche und Neigungen in Einklang mit einer guten Energieverteilung in bezug auf die Umgebung zu bringen.

Betrachten Sie einmal dieses Bild eine Weile lang. Lassen Sie den Blick über die Felder schweifen, sehen Sie die Bäume und das dahinter versteckte freundliche Dorf. Fragen Sie sich, wie das alles auf Sie wirkt.

23

Die himmlischen Tiere des Feng Shui

In jedem Haus oder jeder Wohnung wie auch im Garten oder einer weiten Landschaft sollte das Gleichgewicht von Yin und Yang stimmen.

In der traditionellen chinesischen Feng-Shui-Literatur wird gerne mit Symbolen gearbeitet, die bestimmte Eigenschaften der Umgebung sehr anschaulich beschreiben und interpretieren sollen. Feng-Shui-Experten in Asien, besonders in Hongkong, benützen dazu auch heute noch sehr gerne die Symbolik der Fünf Tiere.

Sie müssen sich eine Landkarte vorstellen, in deren Mitte eine Schlange zusammengekringelt ruht. Sie wird von den vier himmlischen Tieren auf den Seiten flankiert. Im Osten wohnt der gewaltige Drache, der Yang darstellt. Ihm gegenüber – im Westen – der Tiger als Yin. Im Norden hockt die schwarze Schildkröte, ihr wiederum gegenüber – im Süden – der Phönix, der Zaubervogel.

Diese Tiere symbolisieren beispielsweise bei der Anlage eines Gartens sehr spezifische Prinzipien der Gartengestaltung.

Ein Drache bringt Glück. Man muß ihn in bezug zu seinem Gegenüber, dem starken Tiger, sehen. Die Tigerseite muß entsprechend im Westen liegen. Die Drachenseite sollte die Tigerseite jedoch an Höhe deutlich überragen, was für das Grundstück des Gartens gutes Feng Shui bedeutet und seinen Bewohnern Glück und Gesundheit verheißt.

Der Phönix Der Fabelvogel brilliert durch seine Schönheit und Wendigkeit, seine Sensibilität und Voraussicht – Voraussicht im wahrsten Sinne des Wortes, denn er fliegt hoch über dem Anwesen und macht alle Gefahren aus, die voraus lauern. Der Phönix als Ausguck im Turmmast, als verläßlicher Garant des Besitztums.

Die Schildkröte bildet die Rückseite des Anwesens, blickt also auf den hinter dem Haus liegenden Garten oder auf den Vorgarten, wenn es einen gibt.

Der Phönix liegt immer an der Gartenseite, die am weitesten vom Haus entfernt ist.

Die Feng-Shui-Schablone der Fünf Tiere erklärt den energetischen Wert jedes Objekts in der menschlichen Umgebung – so auch des Gartens und seiner Ingredienzen – in bezug auf den Menschen.

Der Tiger Als Raubkatze zeigt der Tiger Kraft und Stärke. Er hat Mut und greift, wenn es sein muß, rücksichtslos an. Wen er verteidigt, der kann sich glücklich preisen. Den Tiger auf der Westseite seines Anwesens zu wissen ist beruhigend, denn er gilt als verläßliche Verteidigungskraft. Aber er bringt manchmal auch Gefahr, weil er als unberechenbar und gefährlich gilt. Er steht so auch für Gewalt, und er kann den inneren Frieden eines Hauses gefährden.

Die Schlange Listig liegt sie im Mittelpunkt der vier außen plazierten Tiere. Sie liegt zusammengerollt da, scheint zu schlafen, aber sie ist in jedem Augenblick auf der Hut. Die vier Tiere um sie herum schützen sie, doch sie fungiert als Schaltzentrale und koordiniert die Aktivitäten der anderen Tiere. Sie ist das Nervenzentrum des Systems. Sie ist klein und unscheinbar, in ihrer bräunlichen Färbung kaum von der Erde zu unterscheiden, auf der sie sich ringelt. Doch sie kann blitzschnell reagieren.

Die Schildkröte Das Außergewöhnliche an diesem Tier ist sein harter Panzer. Dieser Panzer schützt die Schildkröte und hält ihre Feinde ab. Diese Eigenschaft überträgt sich auf die landschaftliche Situation: Mit der Schildkröte im Rücken, also auf der Rückseite eines Gebäudes, kann man sich in Sicherheit wiegen.

Der Drache Wie der Phönix ist der Drache ein Fabeltier, ein spirituelles Wesen. Er steht für Zuverlässigkeit, Kraft, Klugheit und Weisheit. Wo der Drache gegenwärtig ist, herrscht Glück und Wohlstand. Der Drache liegt immer gegenüber der Seite des Tigers.

PLANUNG UND ANLAGE DES GARTENS

Wenn Sie ein bereits fertiges Haus kaufen, können Sie natürlich die Anlage des Gartens nicht ohne großen Aufwand ändern. Auf den Hauskauf sollten Sie aber wohl verzichten, wenn der Garten gegen sämtliche Feng-Shui-Regeln verstößt. Ist dies der Fall, dann wird Sie Ihre innere Stimme davor warnen. Auch wenn dies nur ein geringes Unbehagen ist, das Sie beim Anblick des Gartens beschleicht, nehmen Sie es ernst. Bei einer kurzen Besichtigung wird Ihnen das Ausmaß der negativen Kräfte in diesem Garten nicht voll bewußt.

Ein einigermaßen Feng-Shui-tauglicher Garten freilich läßt sich im Lauf der Zeit mit kleineren Korrekturen verbessern. Sie müssen einfach ein Gespür dafür entwickeln, wie die einzelnen Gartenelemente zu plazieren sind, damit Sie sich in diesem Garten wirklich wohl fühlen können.

Nehmen Sie als wichtigstes Kriterium, wie der Garten auf Sie wirkt. Diese Wirkung ist an jeder Stelle des Gartens eine andere. Machen Sie sich die Mühe, und setzen Sie sich auf die Terrasse, schauen Sie sich um, entspannen Sie sich. Finden Sie heraus, ob irgendein Element Sie stört. Ob der Garten nicht deutlich genug vom Terrassenbereich oder dem Haus abgegrenzt ist. Ob er Ihnen zu verwildert, zu unordentlich erscheint und Sie am liebsten gleich zur Schere greifen würden. Ob Sie sich wegen eines mangelhaften Blickschutzes zur Straße oder Nachbarseite hin richtig unwohl zu

Bei diesem Vorgarten befindet sich auf der Tigerseite (oben in der Abb.) zwar eine Mauer, deren Höhe ausreichend schützt, doch die gegenüberliegende Drachenseite ist völlig offen.

fühlen beginnen. Ob Ihnen der Swimmingpool irgendwie unpassend plaziert zu sein scheint.

Mit kritischen Augen und wachem Gefühl können Sie viele Schwachpunkte der Gartenanlage erkennen. Kehren Sie Ihre inneren Einwände nicht mit dem Argument unter den Teppich, daß Ihre Kritik subjektiv sei. Dies soll sie sein, denn Sie müssen in diesem Garten leben und sich dort wohl fühlen. Wenn Sie jetzt noch die wichtigsten Feng-Shui-Regeln anwenden, werden Sie in Ihrem Empfinden voll bestätigt werden.

Eine Feng-Shui-gemäße Gartenanlage

Der Garten umgibt ihr Haus. Der wichtigste Teil befindet sich in der Regel an der Rückseite des Hauses, aber vorne kann sich auch noch ein meist kleinerer Gartenteil hinziehen. Der Garten ergänzt zwar das Haus, Sie müssen ihn aber als einen eigenen Energiebereich ernst nehmen, der auf das Haus und seine Bewohner energetisch wirkt. Das System der Fünf Tiere kann Ihnen helfen, eine ziemlich

Die ungünstige L-Form des Hauses wurde mit der überdachten Terrasse geschickt kaschiert. Schön ist auch der geschwungene Weg zum Gartenhäuschen. Der Pool wäre besser rund oder oval, angenehm ist aber, daß er parallel zum Haus verläuft. Störend dagegen ist der riesige Baum mitten im Garten. Die Bäume links wären auf der Drachenseite (rechts) besser plaziert.

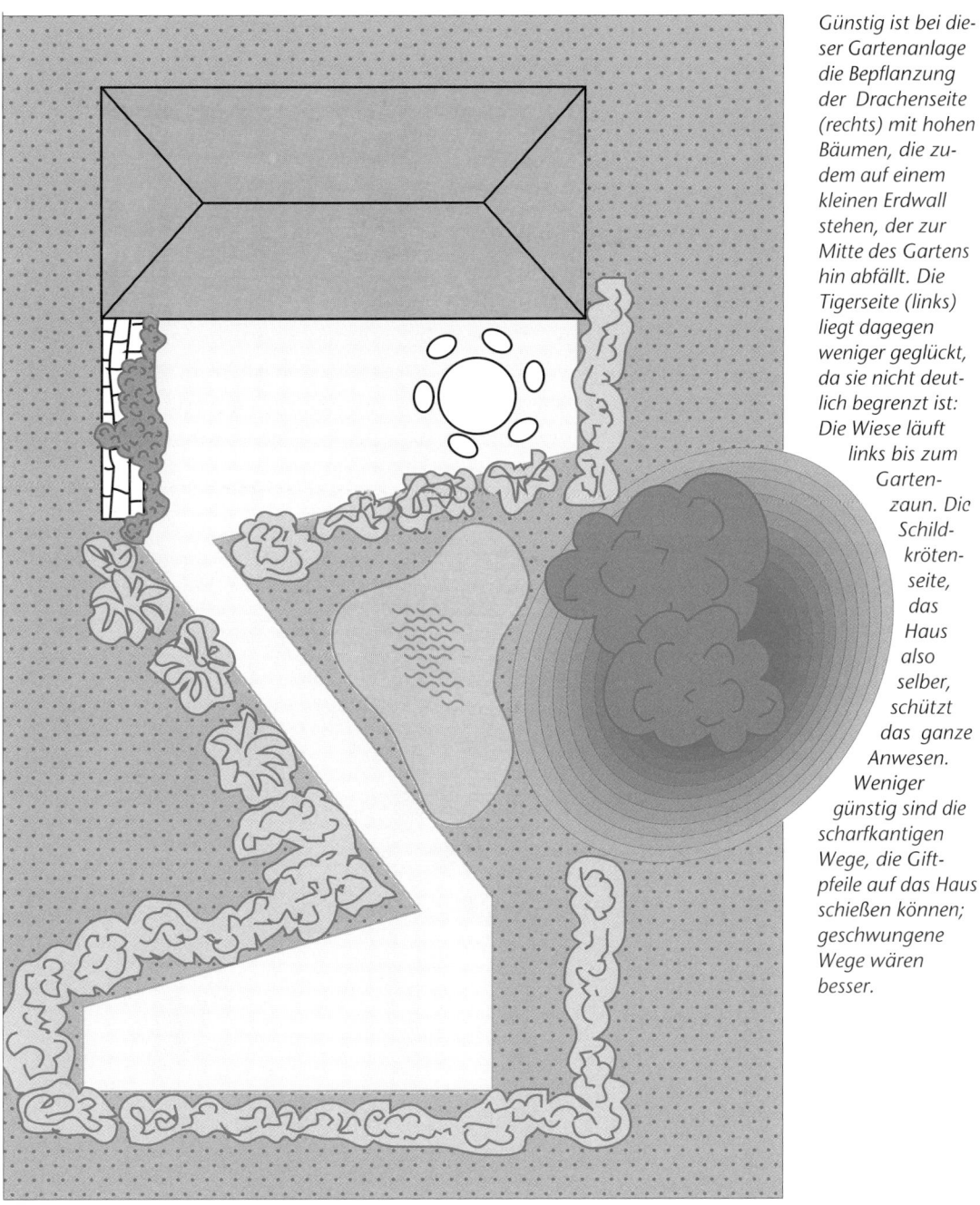

Günstig ist bei dieser Gartenanlage die Bepflanzung der Drachenseite (rechts) mit hohen Bäumen, die zudem auf einem kleinen Erdwall stehen, der zur Mitte des Gartens hin abfällt. Die Tigerseite (links) liegt dagegen weniger geglückt, da sie nicht deutlich begrenzt ist: Die Wiese läuft links bis zum Gartenzaun. Die Schildkrötenseite, das Haus also selber, schützt das ganze Anwesen. Weniger günstig sind die scharfkantigen Wege, die Giftpfeile auf das Haus schießen können; geschwungene Wege wären besser.

praktikable Grundanlage für Ihre Gartengestaltung zu finden.

◆ Widmen Sie der Schildkrötenseite – beginnt der Garten hinter dem Haus, ist die Hausrückseite die Schildkröte – große Aufmerksamkeit.

Haben Sie nur einen Vorgarten, so stellt die Hausvorderseite die Schildkröte dar.

Die Schildkröte haben Sie immer im Rücken, wenn Sie sich im Garten befinden, und sie soll breit und mächtig sein und Ihnen den Rücken freihalten. Die Hausfront ist ein solches machtvolles Schutzschild.

◆ Der Drachenaspekt auf der linken Gartenseite – Sie stehen dabei mit dem Rücken zur Rückseite Ihres Hauses (bei einem Vorgarten: mit dem Rücken zur Vorderseite des Hauses) und überblicken das Gartenareal – sollte insofern berücksichtigt werden, als er etwas höher als die Tigerseite liegen sollte. Vielleicht kann man hier die Erde zu einem kleinen Hügel aufschütten. Ein halber Meter würde schon genügen.

Wenn dies nicht machbar ist, reichen auch hohe Bäume, um den Drachenaspekt zu realisieren. Wenn Sie die Bäume neu pflanzen, sollten Sie sich vorher informieren, welche Arten rascher wachsen, denn sicherlich wollen Sie nicht Jahre warten, bis die Bäume eine brauchbare Höhe erreicht haben.

◆ Die Tigerseite sollte eine Begrenzung mit nicht zu hohen Büschen erhalten, damit der Garten gegen die Straße oder ein Nachbargrundstück geschützt ist. Nur ein Gartenzaun oder gar eine offene Flanke wäre nicht vorteilhaft, da der Tiger unberechenbar ist. Die Tigerseite muß aber deutlich niedriger bepflanzt werden als die Drachenseite.

◆ Der Phönix ist am Ende des Gartens positioniert, also an der der Rückseite des Hauses gegenüberliegenden Gartenseite (bei einem Vorgarten: am vorderen Gartenzaun, also im Eingangsbereich). Der Phönix braucht für seinen Höhenflug freie Bahn und freie Sicht. Das heißt aber nicht, daß an dieser Stelle keine Hecken oder Bäume stehen dürfen. Der Zaubervogel fliegt ja hoch in die Lüfte, um einen Überblick zu erhalten. Pflanzen Sie Büsche und Hecken, es können aber auch Bäume sein, die freilich nicht zu riesig ausfallen dürfen, und sie sollten auch nicht zu dicht stehen.

◆ Das Gartengrundstück sollte unter Feng-Shui-Aspekten möglichst quadratisch oder rechteckig sein.

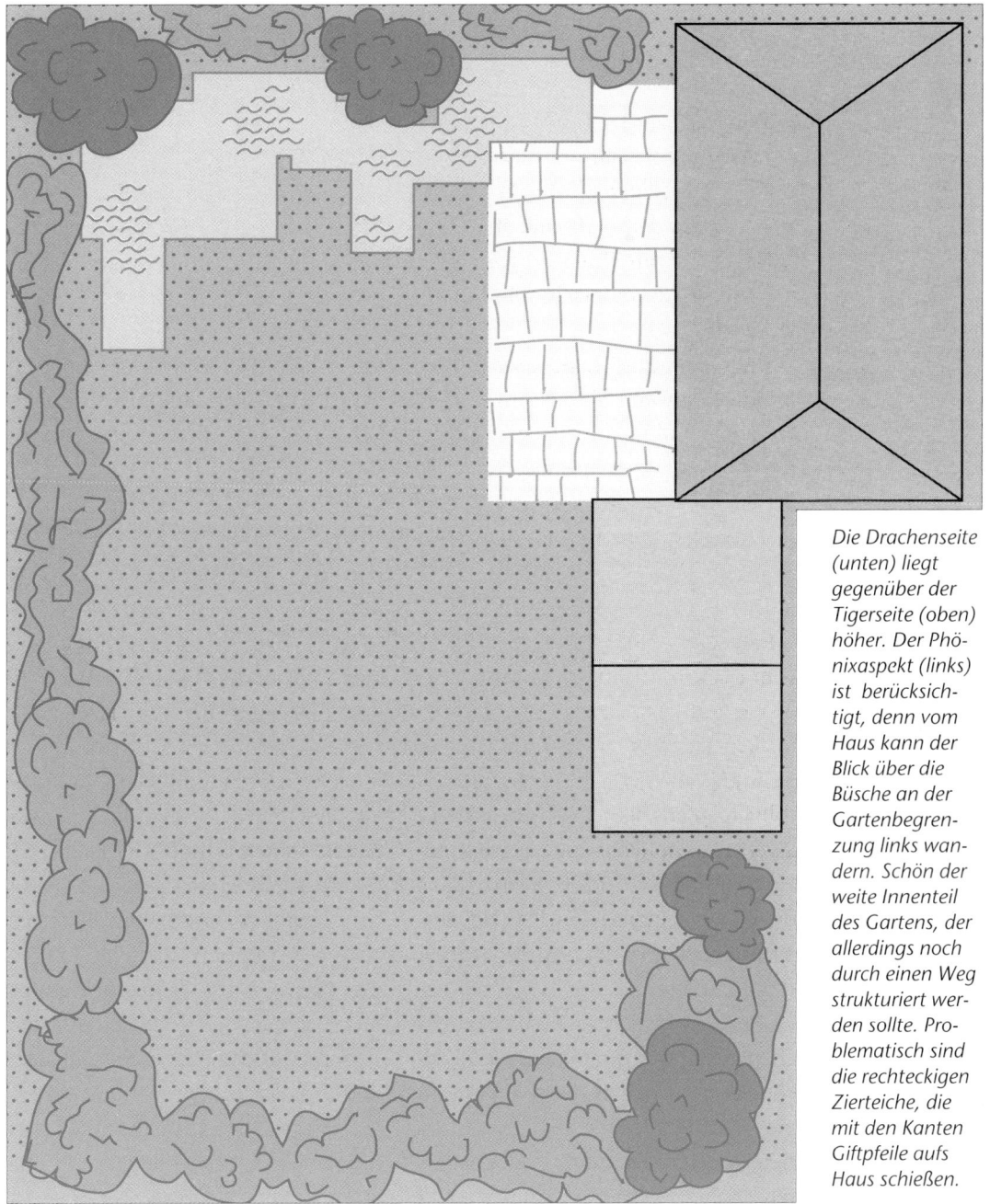

Die Drachenseite (unten) liegt gegenüber der Tigerseite (oben) höher. Der Phönixaspekt (links) ist berücksichtigt, denn vom Haus kann der Blick über die Büsche an der Gartenbegrenzung links wandern. Schön der weite Innenteil des Gartens, der allerdings noch durch einen Weg strukturiert werden sollte. Problematisch sind die rechteckigen Zierteiche, die mit den Kanten Giftpfeile aufs Haus schießen.

Die Drachenseite (unten) ist günstig angelegt, weil die üppige Baum- und Gebüschbepflanzung auf einem kleinen Erdwall angelegt ist. Die Tigerseite (oben) ist nur mit Rasen und ohne Gartenzaun zu offen. Ein großes Problem ist auch der Teich, der unmittelbar am Haus beginnt und unter einen Teil der Terrasse reicht: Haus- und Gartenbereich sollten deutlich voneinander getrennt sein. Dem Phönixaspekt (links) wird die Gartenanlage gerecht: Von der Terrasse aus hat man einen schönen Blick über den Zierfluß und die in der Mitte niedrige Bepflanzung.

◆ Ein dreieckiges Grundstück oder eines mit mehr als vier Ecken gilt als ungünstig. Wenn man dennoch mit einer solchen Un-Form vorliebnehmen muß, hat man nur geringfügige Korrekturmöglichkeiten: Innerhalb des Drei- oder Mehrecks sollte man dann einzelne streng voneinander separierte Gartenteile anlegen, also einen Blumen- und Gemüsegarten, eine Wiese oder den Swimmingpool.

Durch solche „Einzelgärten" läßt sich trotz der ungünstigen Außenform des gesamten Grundstücks wieder einigermaßen energetische Ordnung schaffen.

Der Garten auf der Rückseite dieses Hauses ist streng symmetrisch angelegt. Sein ganzer Stil erinnert an barocke Formen. Das freilich begeistert den Feng-Shui-Experten wenig. Die Energiebahn kann vom Haus durch den nur niedrig bepflanzten Garten hindurchjagen, so daß sie durch diese Beschleunigung ein hohes Energiepotential entwickelt, und dies ist ein Störfaktor. Linke und rechte Gartenseite sind identisch und ignorieren die Gesetze gänzlich. Das Gartenhaus rechts ist in Relation zum Hauptgebäude günstig plaziert.

◆ Wenn das Haus einen L- oder U-förmigen Grundriß hat und die abstehenden Teile in den rückwärtig gelegenen Garten weisen, läßt sich dies dadurch korrigieren, daß man einen weiteren zum Haus gehörigen Teil anbaut, etwa einen Wintergarten, eine überdachte Terrasse oder eine Garage.

So gewinnt das Haus wieder eine kompakte Form und ist mit dem Garten energetisch stabil verbunden.

◆ Gestalten Sie den Garten sehr offen und großzügig. Wenn Sie nur über ein kleines Grundstück verfügen, sollten Sie unter keinen Umständen versuchen, allzu viele Gartenelemente – Gemüse-, Kräuter- und Blumengarten, Pool, Spielecke, Sitzplatz – hineinzuzwängen. Entscheiden Sie sich für jene Elemente, die Ihnen besonders wichtig sind.

◆ Der Energiestrom sollte nicht ohne Hindernisse durch das Haus und den Garten hindurchjagen können. Dies wäre dann der Fall, wenn zwischen der Haustür zum Garten und der Phönixseite, also dem der Hausrückseite gegenüberliegenden Gartenabschluß, kein Element läge, das den Energiefluß bremst und für Augenblicke zurückhält, ja sogar dazu zwingt, im Gartenbereich zu zirkulieren. Das könnte eine Mauer sein, eine Hecke, Bäume, ein Gartenhäuschen oder Spielgeräte für Kinder.

◆ Achten Sie darauf, daß der Garten einen zentralen Punkt bekommt, eine Mitte. Diese soll freilich nicht exakt in der geometrischen Mitte liegen. Die Feng-Shui-Prinzipien vertragen sich übrigens grundsätzlich nicht mit den Gesetzen geometrischer Anordnung. Die einzelnen Elemente sollen einander zwar harmonisch zugeordnet, jedoch locker und natürlich im Raum verteilt sein.

Der Mittelpunkt des Gartens – hier wirkt der Aspekt der Schlange, die alle Tiere um sich herum koordiniert – soll einigermaßen klar abgetrennt sein von den übrigen Gestaltungselementen des Gartens. Das Zentrum sollte nur mit kurzem Rasen bewachsen sein. Wenn an dieser Stelle eine Wiese wächst, muß sie regelmäßig geschnitten werden, damit das Gras und die Blumen nicht zu hoch werden.

Wege dürfen das Reich der Schlange nicht berühren. Sitzgelegenheiten oder ein Spielplatz sind ebenfalls ungünstig. Der Garten soll ein optisch sofort ins Auge fallendes Zentrum besitzen, das von anderen Elementen freigehalten sein muß.

◆ Überhaupt müssen Sie bei der Gartenplanung darauf achten, den Bereich des Hauses sehr streng von dem des Gartens abzutrennen. Fließende Übergänge sind schädlich, denn der Garten ist ein eigener Bereich und muß als solcher auch klar erkennbar sein. Der Rasen sollte sich also nicht bis an die Hausmauer ziehen, sondern die Hausmauer könnte an der betreffenden Seite von einem schmalen Kiesweg gesäumt sein oder auch von einem Gebüsch, das eine markante Trennlinie signalisiert.

◆ Sicher werden Sie sich nicht gegen den Vorschlag wehren, Ihren Garten auf allen Seiten vor Blicken neugieriger Passanten oder Nachbarn zu schützen. Wenn Sie sich öfters im Garten aufhalten und sich wohl fühlen wollen, stört es Sie sicher, auf dem Präsentierteller zu liegen.

Allerdings gibt es auch ein gutes Argument gegen eine solche Trennung zumindest vom Nachbargrundstück. Unter dem Gesichtspunkt lebendiger Kommunikation möchte man sich vielleicht gar nicht von allen Nachbarn abschotten.

Um einerseits die Feng-Shui-Anforderungen zu erfüllen und andererseits den Kontakt mit den Nachbarn nicht zu gefährden, könnte man eine nicht zu hohe Hecke oder eine Reihe von kleineren Gebüschen als Trennlinie pflanzen. Eine solche Lösung würde einerseits für eine klare optische Trennung sorgen, andererseits aber ein Schwätzchen mit den Nachbarn nicht weiter behindern.

◆ Alle Elemente des Gartens müssen in einem ausgewogenen Verhältnis zueinander stehen: Die freie Fläche im Zentrum des Gartens darf nicht zu klein, der Swimmingpool oder Teich nicht zu groß sein, da zuviel Wasser schädliche Einflüsse ausüben kann.

◆ Bäume sind wegen ihrer Energiefülle sehr wichtig. Sie dürfen aber gerade wegen ihres hohen Kraftpotentials nicht zu nahe am Haus stehen. Abgesehen von der zu intensiven Energieabstrahlung würden sie auch mit ihren Wurzeln, die sich ständig weiter und kräftiger ausbreiten, das Mauerwerk gefährden.

◆ Blumenbeete und Büsche sollten auf der Tigerseite des Gartens liegen, die niedriger sein muß als die gegenüberliegende Drachenseite.

◆ Gartenwege sind wie Adern, die den Garten durchfließen. An ihnen bewegt sich die Energie entlang. Geradlinige Wege, die auch noch im rechten oder – noch schlimmer – in spitzen Winkeln abknicken oder sich kreuzen, sind sehr schädlich für ein ausgewogenes Feng Shui im Garten.

Planen Sie die Wege durch Ihren Garten mit Schwung und Sensibilität. Die Pfade sollen sich leicht und beschwingt durch den Garten winden.

◆ Auch der Weg zum Haus sollte nicht kerzengerade verlaufen. Besser ist auch hier eine leicht versetzte oder geschwungene Wegführung. Auf keinen Fall darf ein Weg direkt um das Haus herum geführt werden, sozusagen wie eine Halskrause! Dies würde das Haus und seine Bewohner wie ein Korsett einengen.

LEBEN MIT DEM GARTEN

Ein Garten ist ein lebendiges Wesen, das sich verändert. Aus diesem Grund ist ein Garten auch nie „fertig".

Wenn Sie ein altes Haus mit Garten kaufen, den Garten also nicht von Anfang an nach Ihren Vorstellungen gestalten können, werden Sie über kurz oder lang den Wunsch haben, im Garten Veränderungen vorzunehmen. Jeder hat nun einmal seine eigenen Vorstellungen, wie ein Garten sein sollte, auch wenn es sich nur um geringfügige Veränderungen handelt.

Das gleiche passiert aber auch bei einem Garten, den man selbst von Anfang an gestaltet hat. Jeder Garten verändert sich nämlich im Lauf der Jahre: Die Pflanzen wachsen, entwickeln sich, die eigenen Wünsche wandeln sich, und schon reifen Pläne, diese oder jene Veränderung zu verwirklichen. Man lebt mit dem Garten, man pflegt ihn, bekommt Lust, etwa einen Wegverlauf zu korrigieren oder die Garage vom Haus weg ans andere Ende des Hauses zu verlegen und die frühere Garage in einen Wintergarten umzuwandeln. Oder den Garten auf einer Seite mit hohen Büschen und Bäumen „einwachsen" zu lassen, vielleicht aber auch gerade das Gegenteil, nämlich die viel zu hohen Hecken zu beschneiden, um sich von den Nachbarn nicht mehr so auffällig abzuschotten. Vielleicht fällt auch ein zu nahe am Haus stehender Baum, der allmählich alles Licht im Haus wegnahm, der Planung zum Opfer, oder Sie legen neue Blumenbeete an, oder Sie entscheiden sich für einen Seerosenteich, der dem ganzen Garten ein neues Gesicht verleihen soll.

Sie tun gut daran, sich auch mit Fragen zu beschäftigen, die Ihre Pflanzen angehen. Dazu gibt es Gartenbücher, aber auch beim Gärtner oder Gartengroßhandel können Sie Rat erhalten. Wenn etwa bestimmte Pflanzen plötzlich nicht mehr gedeihen oder absterben, hat dies einen Grund. Vielleicht liegt es daran, daß der Garten schon älter ist und durch die Höhe der Pflanzen der Schatten zunimmt und so einst für sonnige Standorte gedachte Pflanzungen einfach nicht mehr ausreichend Licht erhalten.

Der Garten lebt mit Ihnen, und die Voraussetzungen für Pflanzungen und die übrige Gestaltung verändern sich ständig. Ihre innere Stimme wird Ihnen sagen, welche Veränderungen Sie vornehmen sollten.

Die Bewohner dieses Einfamilienhauses haben im Garten einen Seerosenteich angelegt, der mit Steinen eingefaßt und von Gräsern umwachsen ist – ein großartiges Stück scheinbar unberührter Natur in einer Siedlung. So wunderschön dieser Teich auch aussieht, er ist eindeutig zu groß geraten und kommt der Rückseite des Hauses gefährlich nahe. Wasser in solcher Nähe bedroht das Gebäude und die darin lebenden Menschen. Ein kleinerer Teich, der zudem asymmetrisch im Garten plaziert sein sollte, wäre günstiger.

Das große Wohnhaus ist mit Holz verschalt, was sehr günstig zu bewerten ist. Außerdem hat es einen recht großen Wintergarten angebaut, der als Übergang in den eigentlichen Gartenbereich dient. Dies ist immer eine günstige Konstellation. Die Schildkrötenseite des Hauses, also die Hausseite zum Garten hin, ist leider mit Hecken, Büschen und Bäumen „verbarrikadiert". Damit ist der Garten beinahe hermetisch vom Haus getrennt und führt ein Eigenleben. Schön dagegen der leicht geschwungene Wasserlauf durch das Gelände.

Diese beiden Häuser haben einen großen gemeinsamen Garten. Mit dem umwachsenen Seerosenteich, und den üppigen Büschen ist ein schönes Stück Natur entstanden. Freilich ist auch dieser Garten durch die hohe Baumreihe dergestalt von den Häusern getrennt, daß ein Energieaustausch zwischen beiden Bereichen fehlt.

Das Foto zeigt nur einen Teil des Gartens. Das Haus steht links, vor uns also die Drachenseite, die feng-shui-gerecht aus hohen Bäumen gebildet wird. Der Teich ist asymmetrisch gestaltet, die Pflanzenpracht etwas zu üppig. Schön ist aber der freie Rasenbereich (vorne) als Platz für die Schlange im Mittelpunkt des Gartens

Auch mit bescheidenen Mitteln kann man einen freundlichen Garten schaffen. Die Tigerseite gegenüber wird aus einer Hecke gebildet, die den Nachbarn den Einblick ins Grundstück verwehrt. Der Sitzplatzbereich ist als eigenes Areal dezent durch niedrige Pflanzen abgeteilt.

Das Foto zeigt den Blick von der Hausrückseite auf den Garten. Die gegenüberliegende Phönixseite hat einen etwas zu hohen Baumbestand. Der schnurgerade aufs Haus zuführende Wasserlauf würde die Energie ungebremst aufs Haus leiten, wenn nicht der Teich und ein paar Steine für eine Abschwächung des Energiestroms sorgen würden.

GESTALTUNGS-ELEMENTE DES GARTENS

Gleichgültig, wie Sie Ihren Garten gestalten wollen, sie müssen dafür sorgen, daß alle Gestaltungselemente Gleichgewicht und Harmonie schaffen. Yin und Yang sollen sich die Waage halten, kein Pol darf den anderen übertreffen. Das bedeutet konkret, daß in Ihrem Garten alle Yang-Elemente, also anorganische Gestaltungselemente aus Holz, Stahl, Zement oder Kunststoff wie beispielsweise Kübel, Blumenkästen, Trennwände, Sonnensegel, Gartentische und -stühle, Hängematten, Bänke, Spiel- und Turngeräte für Kinder (Rutschen, Karussells, Sandkästen), aber auch Beleuchtungskörper, Bodenplatten oder Springbrunnen in harmonischer Balance stehen müssen zu den Yin-Elementen: Dies sind vor allem die Erde, das Wasser im Teich und alle Pflanzen – Bäume, Büsche, Hecken, die Blumen und Gräser, der Rasen.

Begehen Sie aber nicht den Fehler, einen „Supergarten" zu planen, das heißt, daß Sie alles, was irgendwie auf das Gartengrundstück paßt, auch tatsächlich hineinbauen und -stellen. Orientieren Sie sich an der Gestaltung eines chinesischen Gartens, auch wenn Sie nicht vorhaben, einen solchen in Reinkultur anzulegen.

Europäische Gärten fallen oft durch ihre verwirrende Farbenpracht auf. Man spricht dann gerne von einem Meer an Blüten, die ins Grün der Hecken und Büsche eingebettet sind. Das Auge freut sich zwar an der Farbsymphonie, kann aber meist keine erkennbare Ordnung in dem chaotischen Blüten- und Farbengetümmel ausmachen. Die Sinne werden dadurch in höchstem Maße erregt, dies aber ist nicht das Ziel eines feng-shui-gemäß gestalteten Gartens!

Chinesische Gartengestalter halten sich an die Spielregeln: Zurückhaltung bei der Auswahl von Pflanzenarten und Blütenfarben, Einsatz dezenter Farben, Vermeidung großer Farbkontraste. Derselbe Grundsatz gilt natürlich auch für die Auswahl

Orientieren Sie sich an dem zurückhaltenden Stil chinesischer Gartenkunst: dezente Farben und einfache, klare Formgebung.

43

der übrigen Gestaltungsmittel eines Gartens.

◆ **Sitzgelegenheiten** liegen oft direkt am Haus, doch auch im Garten kann man sie an vielen Stellen etablieren.

Als Sitzplatz kommt außer den üblichen Gartenmöbeln auch eine schöne Holzbank in Betracht. Tisch und Gartenstühle sollten möglichst aus Holz gefertigt sein, Plastik und Metall nehmen sich in der Natur nicht besonders ästhetisch aus und sind auch energetisch ungünstig. Eine Sitzbank und der Tisch können auch gemauert sein und mit schönen Steinplatten belegt werden.

Wird auf dem Gartengrundstück eine Sitzgelegenheit geschaffen, sollte diese nicht, wie es oft geschieht, auf einem aufgeschütteten Hügel liegen. Eine solche Sitzgelegenheit schafft Unbehagen, weil sie nicht in die Gesamtgestaltung eingebunden ist.

Achten Sie auch darauf, daß die Sitzgelegenheit so arrangiert ist, daß man sich dort windgeschützt aufhalten kann und sich wirklich geborgen fühlt. Eine Überdachung (etwa am Haus), zur Not auch nur mit einem großen Sonnenschirm oder – eleganter – einem Sonnensegel schützt zudem vor Regen und macht den Aufenthalt im Freien sehr angenehm.

Beachten Sie bei der Planung auch den Standort der Sitzgelegenheit. An der Südseite genießt man viel Sonne, an der Südwestseite kommt man, besonders später am Tag, noch in den Genuß einiger Sonnenstrahlen. Liegt die Sitzgelegenheit im Südosten, hat man immer schönes Licht beim Frühstück. Schattige Plätze sind auch nicht zu verachten, wenn man sich an heißen Sommertagen im Garten aufhalten will.

Grundsätzlich sollten Sie die Lichtverhältnisse über den Tag hinweg einmal genau beobachten und protokollieren, um an Ihrem Sitzplatz das Licht genießen zu können, bei dem Sie sich wohl fühlen.

◆ **Zäune** legen die Grenze des Grundstücks fest. Es ist verständlich, daß Sie Ihren privaten Gartenbereich gegenüber Nachbarn und Fremden markieren wollen. Dazu gibt es verschiedene Möglichkeiten, die aber auch energetische Konsequenzen haben. Eine meterhohe Mauer oder Hecke schützt zwar Ihr Anwesen, isoliert aber auch Sie selbst von der Welt draußen. Ihr Garten ist abgeschnitten von den Energieströmen außerhalb. Auf die Dauer werden Sie sich deprimiert fühlen, wenn Sie aus dem Fenster über den Garten auf eine solche Begrenzung starren müssen. Noch

Tips für eine harmonische Gartengestaltung

● *Sorgen Sie für* **Balance bei der Auswahl der Pflanzen.** *Keine Pflanzengruppe darf eine andere dominieren. Wählen Sie deshalb bewußt verschiedene Größen und Formen aus. Widerstehen Sie auch einer momentanen Sympathie für eine bestimmte Pflanzenart: Ein feng-shui-gemäßer Garten besticht nicht durch eitle Monomanie, er brilliert durch höchste Harmonie, die nur durch Ausgewogenheit erzielt wird.*

● **Verzichten Sie in Ihrem Garten nicht auf Wasser!** *Es kann ein kleiner Gartenteich sein oder ein Swimmingpool, notfalls auch nur ein Springbrunnen, doch Wasser im Garten ist eine wesentliche energiespendende Quelle. Freilich ist auch dabei das Gleichgewicht wichtig:* **Der Teich oder Pool darf nicht zu nahe am Haus liegen** *oder im Verhältnis zu Haus und Gartengrundstück zu riesenhaft dimensioniert sein. Zuviel Wasser bedeutet immer Gefahr. Günstig ist es, wenn der Teich oder Pool eine leicht gekrümmte Form hat, das Haus also gleichsam symbolisch umfaßt. Wasser beschützt Haus und Menschen!*

● *Wasser im Teich bewegt sich nicht; integrieren Sie deshalb einen Brunnen, denn* **fließendes Wasser** *zieht besonders gute Energie an.*

● **Bäume sind wertvolle Energiespender,** *doch man muß ihre Kraft mit Bedacht einsetzen. Laubbäume verlieren im Herbst ihre grüne Pracht, Nadelbäume behalten das grüne Kleid; insofern sind immergrüne Bäume günstiger, weil sie das ganze Jahr über Energie spenden.*

● **Große Bäume sollten nicht in unmittelbarer Nähe des Hauses** *stehen. Im Hintergrund des Gartens werden sie ihrer Wächterrolle besser gerecht. Mächtige Bäume haben auf der Tigerseite nichts zu suchen.*

● *Gestalten Sie Ihre Gartenlandschaft mit* **Steinen** *verschiedenster Strukturen. Steine als Yang ergänzen das Yin der Pflanzen und Erde.*

schlimmer kann es sein, wenn Sie sich im Garten aufhalten und auf allen Seiten nur auf die selbstgeschaffenen „Mauern" – auch wenn es eine dichte Baumreihe oder eine schöne efeubewachsene Steinmauer ist – blicken müssen. Feng Shui schreibt deshalb nicht ohne Grund vor, daß die Tigerseite nur von einer niedrigen Begrenzung gebildet werden soll, die Drachenseite dagegen kann höher ausfallen, und die dem Haus gegenüberliegende Phönixseite soll unbedingt den Blick über den Garten hinaus auf die Umgebung freihalten. Überlegen Sie, ob Sie auch am Hinterende des Gartens nicht einen zusätzlichen Eingang schaffen wollen, der der Energie freien Zutritt läßt.

Holzlattenzäune harmonieren gut mit der Natur, aber auch ein kunstvoll geschmiedetes Gitter läßt viel Energie durch. Am schönsten wirken Begrenzungen durch Hecken und Büsche, auch ein schmales Beet mit Blumen macht sich auf der Tigerseite sehr gut.

◆ **Sichtschutzeinrichtungen** halten von der gemütlichen Sitzecke nicht nur neugierige Blicke, sondern auch den Wind ab und steuern den Energiestrom. Dazu eignen sich Schilfrohrmatten, Segeltuchbespannungen, Rankgerüste, Flechtzäune und Bretterwände.

◆ Mit kleinen **Mauern** läßt sich ein Garten auch auf unterschiedlichem Höhenniveau gestalten, wobei sich Trockenmauern besonders schön bepflanzen lassen.

◆ **Wege und Treppen** machen den Garten begehbar und steuern den

Die Abb. links zeigt, wie ein Gartenteich nicht sein sollte: Scharfe Kanten und auf den Teich zulaufende Wege erzeugen eine viel zu starke Energie. Die unregelmäßige Form in der Abb. rechts dagegen erzeugt harmonische, sanfte Energie.

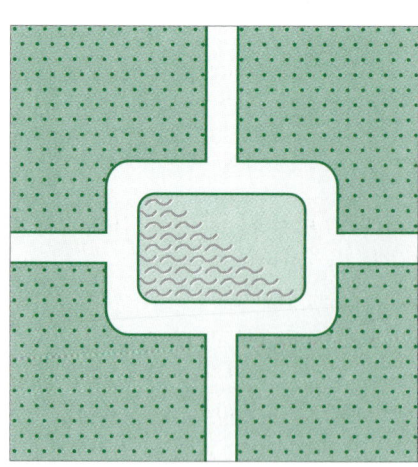

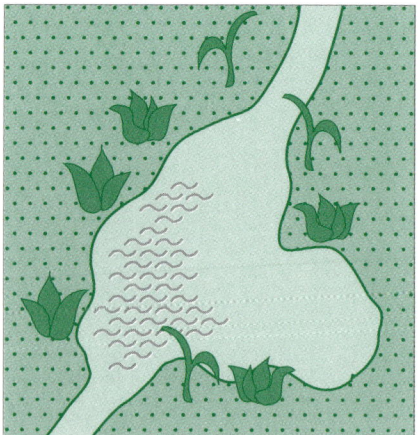

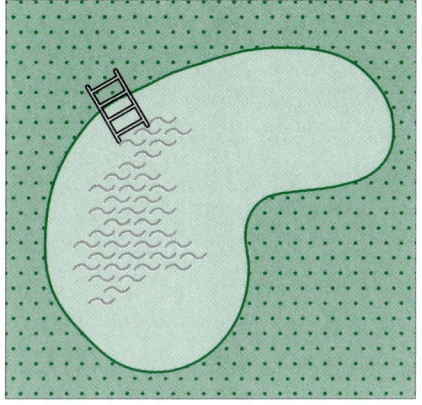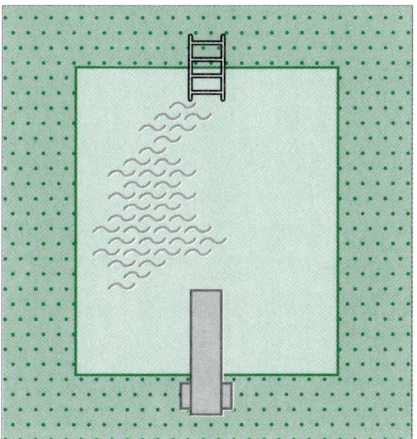

Energiestrom. Sie sollten schön geschwungen verlaufen und keine rechtwinkligen Formen haben. Als Belag bietet die Industrie eine Vielzahl von Materialien an. Man sollte immer solches Material wählen, das den Eindruck einer ganz naturgemäßen Gestaltung hervorruft. Alles Artifizielle, „Gemachte" widerspricht der Natur des Gartens.

◆ **Mülltonnen und Wäschetrockenplätze**, ebenso wie der Kompostplatz oder die Ecke für die Gartengeräte sollten versteckt untergebracht werden, um die Energieverteilung im Garten nicht zu stören.

◆ **Beleuchtungskörper** – effektvoll eingesetzt – können ein Gewinn sein und den Garten auch nachts beleben. Ihr Licht sollte aber sehr zurückhaltend wirken und den Garten nicht übermäßig erhellen. Wichtig ist natürlich eine elektrotechnisch sichere Installation, die man lieber den Fachmann erledigen läßt.

◆ **Gartenteiche, Pflanzenbecken und Swimmingpools** sind für ein gutes Feng Shui sehr wichtig, doch man kann sie nicht einfach nur so „nebenbei" anlegen. Ein Gewässer im Garten erfordert spezielles Know-how und ist auch keine ganz billige Sache.

Der nierenförmige Swimmingpool (Abb. links oben) ist geradezu ideal in den Garten integriert. Ebenso harmonisch wirkt die Leiter ins Becken.

Die L-förmige Gestaltung des Pools (Abb. links Mitte) orientiert sich nicht an Feng-Shui-Prinzipien. Immerhin liegt das Sprungbrett nicht der Einstiegsleiter gegenüber, was sonst einen unguten Energiestrom zwischen Sprungbrett und Leiter ergeben würde. Eine solche negative Konstellation zeigt die Abb. links unten.

TERRASSE UND BALKON

Terrasse und Balkon haben vieles gemeinsam und sind doch sehr verschieden. Unter einer Terrasse versteht man eine befestigte Plattform oder einen größeren Vorbau – mit oder ohne Überdachung – am Erdgeschoß eines Hauses. Eine Terrasse kann auch auf einem Flachdach angelegt sein, wobei das Dach begehbar und manchmal sogar zu einem richtigen Garten mit Gras, Büschen und Bäumchen ausgestaltet ist. Sogar einen Swimmingpool kann man in luftiger Höhe anlegen.

Ein Balkon ist auf den ersten Blick das Pendant zur Terrasse. Ein Balkon – vom Lexikon definiert als unbedeckter Gebäudevorbau, gewöhnlich frei auf Auskragungen, Balken- oder Trägervorsprüngen ruhend – muß nun aber keinesfalls der Garten des kleinen Mannes sein, denn es gibt auch riesige und luxuriöse Balkone; doch erscheint er manchmal als ein etwas artifizieller Gartenersatz.

Wer eine Terrasse am Haus hat, kann durchaus auch noch einen Garten besitzen: Die Terrasse fungiert in diesem Fall nicht als Gartenersatz, sondern als Schleuse zwischen Wohnbereich und Garten, als besonders harmonische Übergangszone, und hat damit für die Verbindung zwischen draußen und drinnen eine wichtige energiesteuernde Funktion.

Terrassen als Energieregulator

Im Haus leben wir unter uns, genießen unser Privatleben, lassen unseren intimsten Gefühlen freien Lauf. Draußen hingegen agieren wir stolz und bewußt, suchen Anerkennung und Erfolg. Wenn diese so diametral entgegengesetzten Welten nur durch eine Wohnungs- oder Haustür getrennt sind, ist der Übergang zwischen beiden Bereichen sehr abrupt. Eleganter ist es, wenn es gelingt, eine Terrasse zwischenzuschalten.

Natürlich darf das nicht nur eine Fläche sein, die vielleicht auf den Seiten mit einem niedrigen Mäuerchen begrenzt ist, mit einem Gartentisch und ein paar Stühlen. Gerade eine

Terrasse muß man sehr sorgfältig planen und ihre Elemente ganz bewußt arrangieren.

Auch für den beschränkten Raum einer Terrasse gelten nämlich dieselben Gestaltungsregeln wie für einen Garten. Die Mitte der Fläche sollte nicht mit Gegenständen verstellt sein. Tisch und Stühle gehören nicht genau ins Zentrum der Terrassenfläche, sondern sind günstiger am Rand zu plazieren. Die Hauswand gilt als Schildkrötenseite und ist das Bollwerk der Terrasse. Achten Sie darauf, daß die Drachenseite seitlich etwas höher begrenzt ist – etwa mit Kletterpflanzen an einem Gerüst aus Bambusrohren – als die gegenüberliegende Tigerseite. Die offene Phönixseite muß nicht unbedingt völlig frei sein, auch sie kann man mit Pflanzen, einem kleinen Zaun oder Steinen von der Welt draußen abgrenzen, freilich nicht hermetisch, denn die Energie soll ungehindert auf die Terrasse fließen und sich von dort ins Haus ausbreiten können.

Pflanzen sind für die Terrasse sehr wichtig, vor allem dann, wenn sie sich nicht in den Garten öffnet, sondern das einzige Stück Natur an Ihrem Haus ist. Pflanzen lassen sich auch in Ampeln aufhängen. Kletterpflanzen können eine dichte grüne Wand bilden, man sollte aber darauf achten, daß sie sich nicht zu weiträumig auf der Hauswand ausdehnen. Wenn Sie eine überdachte Terrasse haben, können Sie auch Mobiles aufhängen.

Vermeiden Sie tote Ecken auch auf der Terrasse, und deponieren Sie dort keine Gegenstände, die nie oder

Dieser um das Haus laufende Balkon erweitert den Wohnraum um ein kleines Stück Natur. Weder Blumen noch Efeu wachsen zu üppig, so daß noch ausreichend Energie durch Fenster und Türen ziehen kann. Angenehm ist auch die Holzbrüstung.

selten benutzt werden, eine alte Gieß-
kanne, überzählige Blumentöpfe,
Düngemittel oder Erde in Plastikbeu-
teln. Gestalten Sie solche Ecken liebevoll, stellen Sie eine schöne Blatt-
pflanze auf, oder hängen Sie dort eine
Blumenampel an die Decke.

Wenn Sie sich auf Ihrer Terrasse
wohl fühlen, dort also gerne sitzen,
manchen Sonnenuntergang und lange Nächte mit Freunden erleben und
auch in einer warmen Strickjacke an
einem Herbstmorgen frühstücken,
können Sie sicher sein, daß diese Terrasse ein gutes Feng Shui hat.

Probleme mit Dachterrassen

Auf den ersten Blick ist die Idee einer
Dachterrasse bestechend, denn nur
wenige Menschen besitzen einen solchen Garten in luftiger Höhe. Dach-
terrassen sind freilich nur im Herzen
der Städte sinnvoll, wo Grundstücke
Luxus sind und man sich keinen
größeren Garten leisten kann. Aber
eine Dachterrasse ist nicht einfach zu
gestalten.

Auf einem Flachdach ist man der
Witterung schutzlos preisgegeben.
Man müßte also schon eine Schutz-
mauer oder etwas Vergleichbares er-
richten, das der ganzen Anlage die
Schildkrötenseite gibt. Auch die Be-

pflanzung und das Arrangement von
anderen Gartenelementen wie beispielsweise Tische, Stühlen, Kletter-
wänden für Pflanzen müßte man besonders sorgfältig planen.

Ein Swimmingpool auf dem Dach-
garten gilt unter Feng-Shui-Fachleu-
ten als problematisch, weil eine große
Menge Wasser auf dem Hausdach als
große Gefahr für das ganze Haus betrachtet wird.

Lebensraum Balkon

Wir möchten hier zuerst die Ge-
schichte einer jungen Dame erzählen,
die ihre Mietwohnungen grundsätzlich nach der Lage und Größe ihres
Balkons auswählte. Die Anzahl der
Räume und deren Ausstattung war ihr
erst in zweiter Linie wichtig. Aber auf

Die Blumen an diesem Balkon wachsen nach unten und lassen trotz ihrer Üppigkeit ausreichend Raum für eine groß-zügige Energie-zirkulation.

Mißbrauchen Sie den Balkon nicht als Abstellplatz und Trockenstation Ihrer Wäsche. Ein solcher Schandfleck wird die Energiesituation auch in Ihrer Wohnung verschlechtern, denn das Gerümpel auf dem Balkon zerstört gutes Feng Shui.

den Balkon kam es ihr an. Sie wohnte sowohl auf dem Land als auch in der Großstadt, und immer suchte sie beharrlich nach einer Wohnung mit Balkon.

Nach den Gründen dafür befragt, geriet sie ins Stottern. Sie wußte es gar nicht so genau, aber erst einmal darauf angesprochen, erschien ihr ihre Vorliebe für Balkons ebenfalls ziemlich eigenartig, und sie mußte zuerst eine ganze Weile nachdenken, um eine Antwort zu finden. Es waren dann aber gleich mehrere Gründe.

Da sie als freie Schriftstellerin und Fernsehjournalistin sehr oft und viel zu Hause arbeiten mußte und zu faul war, in die Natur hinauszufahren – sie besaß selbst keinen Führerschein und so auch kein eigenes Auto – , war der Balkon für sie eindeutig Natur- und Gartenersatz. Entsprechend aufwendig richtete sie ihn auch jedes Frühjahr ein und pflegte die vielen Pflanzen mit bemerkenswerter Hingabe.

Es ist offenkundig: Der Balkon war für sie ein Teil Natur, die für sie auf diese Weise leicht verfügbar war und zur Erholung diente. Bei schönem Wetter pflegte sie fast von morgens bis abends auf dem Balkon zu sitzen und dort zu arbeiten. Wenn es kühler wurde, zog sie sich lieber eine dicke Strickjacke über, als daß sie sich in die Wohnung zurückgezogen hätte.

Brücke zwischen Wohnung und Welt

Wir möchten noch einmal das Beispiel jener Schrifstellerin aufgreifen. Ihr war nicht nur die Größe, Form und Bepflanzung ihres Balkons wichtig, sondern auch der Ausblick, den ihr der Balkon ermöglichte. Deshalb fiel es ihr bei ihrem häufigen Wechsel der Wohnung auch immer so schwer, überhaupt eine neue Wohnung mit einem Balkon zu finden, der ihr wirklich zusagte. Und wahrscheinlich wechselte sie die Wohnung auch so oft, weil ihr der jeweilige Balkon rasch zu langweilig wurde und einfach nicht mehr gefiel.

Fragen Sie sich nun selbst einmal, was Sie gerne von einem Balkon aus sehen möchten. Einen schönen weiten Garten mit hohen Bäumen? Oder wollen Sie lieber auf eine lebhafte Straße mitten im Einkaufszentrum blicken? Mögen Sie es, Leute zu beobachten? Oder einmal anders gefragt: Welcher Ausblick würde Sie stören? Möchten Sie Ihre Ruhe haben, am besten kein einziges Auto hören und sehen, kein Kindergeschrei? Oder brauchen Sie Leben um sich?

Sie sehen, daß auch die Umwelt für ein gutes Feng Shui des Balkons eine wichtige Rolle spielt. Freilich können Sie auf diese Umwelt keinen Einfluß nehmen, steuern können Sie nur die Auswahl der Wohnung. Deshalb sollten Sie, wenn Ihnen der Balkon etwas bedeutet, bei einer Besichtigung auch seine Umgebung genau prüfen. Denken Sie daran, daß bei einer Besichtigung am Abend oder übers Wochenende der Verkehr oft schwächer und leiser ist als werktags.

Eine falsche Umgebung kann einen Balkon für seinen Bewohner zum Martyrium machen.

Wer einen Balkon hat, ihn aber niemals nutzt, sollte sich einmal ehrlich fragen, warum. Vielleicht liegt ihm nichts an einem solchen „kleinen" Naturerlebnis, vielleicht hat er wirklich keine Zeit – auch da sollte man sich fragen, ob es für die Seelenhygiene nicht an der Zeit wäre, sich mehr Freiraum im Alltag freizuschaufeln –, oder aber die Umgebung wirkt negativ auf ihn.

Wer beispielsweise von seinem Balkon immerzu auf das Anwesen einer riesigen Villa starren muß und selbst zudem Probleme mit dem Selbstvertrauen hat, wird sich durch diesen ständig erlebten Sozialkontrast nicht gerade innerlich aufgebaut fühlen. Ein „Balkonwechsel" könnte da Wunder bewirken oder wenigstens ein Pflanzenvorhang, der den Blick auf den vom Glück Begünstigten gegenüber wenigstens etwas mindert.

Der Balkon als Refugium

Auf einem Balkon wird man auch von anderen gesehen. Manchen Menschen gefällt dies, manche stört es. Entsprechend muß man seinen Balkon gestalten: als von Pflanzen geschütztes Refugium oder bewußt als Plattform für eine gelegentliche Selbstdarstellung für die Nachbarn.

Beides ist legitim und hängt davon ab, was man auf seinem Balkon an Sozialkontakten braucht, um sich wohl zu fühlen. Wer sich im öffentlichen Leben gern anpaßt und bemüht, nicht aufzufallen, wird den Balkon eher als Privatsphäre auszugestalten versuchen und neugierige Blicke scheuen. Wer es liebt, sich draußen bewußt in den Vordergund zu schieben, wird neugierigen Augen auf seinem Balkon auch wenig Hindernisse entgegenstellen.

Unsere vorhin erwähnte Schriftstellerin würde wahrscheinlich auf ihre Privatsphäre achten, während eine junge, extrovertierte Schönheit wenig dagegen einzuwenden hätte, wenn man sie in ihrem Bikini als Sonnenanbeterin heimlich auf dem Balkon bewundert.

Auch einen Balkon kann man geschickt einrichten. Zwängen Sie nicht zuviel auf den Balkon. Ein paar Blumenkästen, eine größere Grünpflanze in einem Topf können ein gutes Naturklima auch auf begrenztem Raum schaffen.

DER GARTEN IM ZIMMER

Auch wer weder über Garten, Terrasse noch Balkon verfügt, braucht nicht auf die anmutige Schönheit von Pflanzen und deren Energie in seinen Wohnräumen zu verzichten.

Oft lassen sich vor den Fenstern einiger Räume Blumenkästen anbringen, die, phantasievoll bepflanzt, von außen wie innen eine Augenweide sein können. Achten Sie aber darauf, daß die Blumenkästen sicher befestigt sind und sich nicht lösen und Passanten auf den Kopf fallen können! Eine Sturmböe hat rasch auch einen großen, mächtigen Blumentopf weggefegt.

Eine Alternative ist die Fensterbank, auf der man Blumen in Übertöpfen oder länglichen Gefäßen, in die gleich ein ganzes Ensemble von Pflanzen paßt, plazieren kann.

Pflanzen sind eine große Energiequelle, freilich dürfen Sie das Fenster nicht mit Blumen und höher wachsenden Grünpflanzen zustellen. Es mag reizvoll aussehen, wenn die Sonnenstrahlen nur noch schwach durch Ihre häusliche grüne Hölle leuchten und sich zwischen Vorhang und Fensterfront eine Art Dschungel ausdehnt. Die Pflanzen sollen Chi aber nicht abhalten, sondern in den Raum hineinziehen und in angenehme Zirkulation zwingen.

Es ist auch wichtig, welche Pflanzen, in welcher Größe und Farbe, Sie nebeneinanderstellen. Achten Sie auch darauf, ob sich alle Pflanzen, die Sie auswählen wollen, gerade für die Lichtbedingungen des betreffenden Fensters eignen. Manche Pflanzen mögen die pralle Sonne, andere ziehen einen schattigen Platz vor.

In Europa haben sich die japanischen Zwergbäume, die Bonsais, langsam durchgesetzt. Es ist ungemein reizvoll, beispielsweise eine Eiche, Buche oder einen Kirschbaum in solchem Miniaturformat zu besitzen. Stamm und Äste, wenn man sich in die Perspektive eines Zwergs begibt, sehen knorrig und alt aus, als handelte es sich um uralte Bäume. Das sind sie in der Tat, nur blieben sie dank einer speziellen Beschneidungs- und Düngungsmethode immer Zwerge.

Solche Bonsais sind meist in größeren Schalen inmitten einer kleinen Landschaft aus Moos mit kleinen Buddha-Statuen und angedeuteten Kieswegen angelegt. Mit einem solchen Wunder holt man sich den Zauber Asiens ins Zimmer. Wer sich einen Bonsai zulegt, sollte sich auch Literatur kaufen, damit er das Bäumchen auch artgemäß behandeln kann und lange Zeit Freude daran hat.

Pflanzenkraft, Magie der Steine, sprudelndes Wasser

Zimmerbrunnen werden aus unterschiedlichem Gesteinsmaterial hergestellt.

Spezialfirmen bieten fertig gestaltete und montierte Zimmerbrunnen in verschiedenen Größen an. Diese kleinen Kunstwerke sind nicht billig, aber sie schaffen auf kleinstem Raum tatsächlich die Illusion, einen Garten im Zimmer zu haben.

In einer Schale aus Steinzeug oder Keramik ist eine elektrische Pumpe eingebaut, die das Wasser durch eine Röhre in einem in die Schale eingepaßten bizarren Steinarrangement hochführt und oben als kleinen Wasserfall über die Steine in einen Miniatursee fließen läßt. Um die Gesteinsformation herum befindet sich Pflanzengranulat aus natürlichen Mineralien, in dem sich Hydropflanzen mit ihren Wurzeln verankern können.

Oft sind die Felslandschaften aus Schiefer, Tuff, Marmor oder Regenbogenstein liebevoll mit kleinen Bambusbrücken, Bambustoren und chinesischen Figürchen ausgestaltet. Unterwasserlampen tauchen einen solchen Brunnen in der Dämmerung in unwahrscheinlich schönes Licht. Die Zimmerbrunnen sind außerdem sehr pflegeleicht.

Außer der Wonne, die ein solcher Brunnen fürs Auge ist, erzeugt das ständig strömende Wasser einen beruhigenden plätschernden Ton. Die Brunnen haben aber noch einen weiteren Vorzug: Sie sorgen dafür, daß die Raumluft nie zu trocken wird. Wer sich eine solche Investition leisten will, kann sicher sein, daß er damit sich und dem Raum etwas Gutes tut.

Quellbrunnen sind mehr als nur ein dekorativer Raumschmuck und Garant für gutes Feng Shui: Durch die ständige Verdunstung des Wassers ist die Luftfeuchtigkeit im Raum immer ausreichend erhöht und bindet Hausstaub, Rauch und andere Schadstoffe in der Luft. Eine Investition für Körper und Seele!

WAS PFLANZEN BEWIRKEN

Mit Zimmerpflanzen können Sie die Energiesituation in Ihrer Wohnung erheblich beeinflussen und – wenn die Pflanzen klug ausgewählt und plaziert sind – erstaunlich verstärken. Wer Pflanzen liebt und mit ihnen vertraut ist, weiß, daß diese Lebewesen sehr unterschiedliche Schwingungen ausstrahlen und damit unser Wohlbefinden nachdrücklich beeinflussen können.

Nicht jede Zimmerpflanze eignet sich aber unter Feng-Shui-Gesichtspunkten, deshalb wollen wir im folgenden einige allgemeine Grundsätze für die Verwendung von Pflanzen in Wohnräumen zusammentragen und jene Pflanzen auflisten, die eine besonders positive Wirkung auf Ihr körperliches und geistiges Wohlbefinden ausüben.

Pflanzen in Schlafräumen

Auch im Schlafzimmer sehen Pflanzen als Raumdekoration natürlich hübsch aus, gleichwohl sollte man sie dort nicht aufstellen. Der Grund dafür liegt darin, daß Pflanzen Energie abstrahlen, manche mehr, manche weniger – Energie, die Ihren Schlaf stören kann. Tagsüber ist eine solche Energiestimulation durchaus wünschenswert, beim Schlafen ist sie aber hinderlich. Zumindest sollten Sie keine Pflanzen nahe an Ihrem Bett, besonders in Höhe des Kopfes, plazieren, die für ihr hohes Energiepotential bekannt sind.

Auch stark duftende Pflanzen gehören nicht ins Schlafzimmer. Der echte Jasmin (*Jasminum officinale*) ist beispielsweise wegen seines durchaus angenehmen, aber starken Duftes, den viele Menschen als erotisierend empfinden, im Schlafzimmer unangebracht. Wer eine solche Pflanze als Anregung für das Liebesspiel schätzt, sollte sie in einem anderen Wohnraum plazieren und dort ihren betörenden Duft genießen. Für den wohltuenden Schlaf danach eignen sich diese starken Düfte nicht.

Giftige Pflanzen wie der wunderschön leuchtende Weihnachtsstern

Schnittblumen sehen, wenn sie mit künstlerischem Geschick arrangiert sind, bezaubernd aus, unter dem Feng-Shui-Aspekt sind sie aber etwas problematisch, denn solche Blumen sind von ihrer Lebenswurzel getrennt und leben nicht allzu lange weiter.

sind mit Vorsicht zu genießen. Sie gehören nicht als Schmuck auf den Eßtisch oder in die Küche. Wenn sich kleine Kinder in der Wohnung befinden, sollte man gänzlich auf giftige Pflanzen, so schön sie auch sein mögen, verzichten. Denken Sie auch an Hund und Katze, die sich an diesen Pflanzen womöglich zu schaffen machen und dabei Schaden nehmen könnten.

Und fürs Schlafzimmer sind sie auch nicht geeignet, weil ihre Energie nachts in der Ruhephase des Menschen ungünstige Auswirkungen haben kann.

Verstärken Sie die Energie in Ihren Wohnräumen

Mit einer ganzen Reihe von geeigneten Zimmerpflanzen können Sie die Richtung der Energieströme in der Wohnung beeinflussen. So können Sie durch Plazierung von Pflanzen an bestimmte Stellen, die sonst tot wären, Energie hinlenken. Mit einigen Pflanzen, etwa Hochstämmchen oder höheren Grünpflanzen, kann man einen geradlinig durch den Raum fließenden Energiestrom verlangsamen und zu kreisenden Bewegungen durch den Raum ablenken.

Außer einer solchen gezielten Anwendung dienen Pflanzen in der Wohnung allgemein einer positiven Erhöhung der Raumenergie. Dies läßt sich auch ohne Feng Shui nachvollziehen: Denken Sie nur daran, wie „tot" und steril ein Wohnzimmer ohne Pflanzen wirkt. Selbst eine einzige Pflanze in einem verhältnismäßig großen Raum wirkt verloren und beinahe lächerlich. Dies liegt übrigens daran, daß Pflanzen die Nähe anderer Artgenossen suchen, weil sie mit diesen auf ihre eigene Weise kommunizieren und für sich alleine leicht verkümmern.

◆ Stellen Sie eine Pflanze niemals direkt zwischen Tür und Fenster oder zwischen zwei Türen. Der durchziehende Energiestrom würde sie schwächen und eventuell eingehen lassen.

◆ Nicht alle Pflanzen sind feng-shui-tauglich.

Pflanzen mit harten und scharfen, kantigen Blättern, also auch Nadelbäumchen oder Kakteen, sollten Sie vermeiden oder zumindest im gesamten Pflanzenarrangement nicht dominieren lassen. Auf alle Fälle sollten solche Pflanzen nicht zu nahe dort aufgestellt werden, wo Sie und Ihre Gäste zu sitzen pflegen, also nicht hinter dem Sofa und den Sesseln oder nahe beim Arbeitsplatz.

◆ Je größer eine Pflanze ist, desto mehr Energie gibt sie ab. Die Größe muß aber zu den Raumverhältnissen passen. Ein Übermaß an Pflanzenenergie kann auch eine unangenehme stimulierende Wirkung haben, die Ihnen die innere Ruhe und Harmonie raubt und Ihnen das Gefühl vermittelt, immer auf dem Sprung zu sein.

◆ Reine Blattpflanzen sind energetisch weniger wertvoll als blühende Pflanzen. Üppige, leuchtende Farben blühender Pflanzen erfreuen nicht nur optisch unsere Sinne, sondern haben auch angenehme energetische Schwingungen.

◆ Besonders prachtvoll sehen Pflanzen aus, wenn man sie in Schalen pflanzt und an der Decke aufhängt. Diese Ampelpflanzen – je bunter und phantasievoller sie gemischt sind, desto günstiger fällt ihre Wirkung aus – haben einen besonders vorteilhaften Einfluß auf den Raum und seine Bewohner.

Ampelpflanzen eignen sich auch sehr gut für den Balkon, wo sie – seitlich aufgehängt – besonders wohltuend wirken.

◆ Pflegen Sie Ihre Pflanzen mit Liebe. Gießen Sie sie regelmäßig, und wenn Sie verreist sind, sorgen Sie dafür, daß Sie einen wirklich zuverlässigen Vertreter haben, der Ihre Pflanzen nicht lieblos verkommen läßt. Sie nehmen es übel, wenn man sie vernachlässigt, und können sich von einer solchen „Durststrecke" oft nie mehr richtig erholen. Pflanzen sind eben keine „Sachen", sondern äußerst sensible Lebewesen!

◆ Sprechen Sie mit Ihren Pflanzen! Sie brauchen keine Angst zu haben, daß man Sie als Sonderling bezeichnet oder verlacht, falls Sie dies tun. Pflanzen mögen die Ansprache ihres Besitzers, sie fühlen die Schwingungen in der Luft, wenn Sie zu ihnen sprechen.

◆ Machen Sie sich die Mühe, und fragen Sie Ihren Gärtner, welche Pflege für die einzelnen Pflanzen in Ihrer Wohnung die richtige ist. Es reicht nicht nur, ab und an zu gießen, Pflanzen brauchen auch regelmäßig neue Energie durch Düngung oder – wenn sie größer werden – mehr Raum durch einen größeren Topf und neue Erde. Noch besser als eine Frage in der Gärtnerei ist die Anschaffung eines Zimmerpflanzenbuchs, das Ihnen kompetent alle Informationen gibt.

Die nachfolgende Pflanzenauswahl eignet sich besonders für Ihre Wohnung:

Wüstenrose,
Frauenhaarfarn,
Asparagus (Zierspargel),
Zimmerbambus,
Begonie,
Bougainvillea,
Pantoffelblume,
Kamelie,
Leuchterblume,
Zitronen- und Orangenbäumchen,
Alpenveilchen,
Papyrus,
Venusfliegenfalle,
Blaues Lieschen,
Birkenfeige,
Gardenie,
Efeu,
Hibiskus,
Amaryllis,
Wachsblume,
Hortensie,
Jasmin,
Frauenschuh,
Usambaraveilchen,
Bubiköpfchen

◆ Seien Sie vorsichtig mit Pflanzen, die Sie geschenkt bekommen. Wenn Sie ehrlich feststellen, daß Sie eine solche Pflanze nicht mögen, sollten Sie sie erst gar nicht in die Wohnung stellen. Pflanzen muß man lieben, und Liebe kann man sich nicht aufzwingen.

Eine Pflanze, die nicht zu Ihnen paßt, macht Ihnen keine Freude. Sie wird Sie negativ beeinflussen und auch die anderen bereits vorhandenen Pflanzen in ihrer Harmonie stören.

◆ Sicher stellen Sie Ihre Pflanzen in schöne Übertöpfe, weil diese ästhetischer wirken als bloße Tontöpfe oder mit grünem Kreppapier umwickelte Töpfe. Auf keinen Fall sollten Sie Plastiktöpfe tolerieren, in denen man manchmal die Pflanzen vom Blumengeschäft erhält. Besser als Plastik ist Ton auf jeden Fall. Auch bloße Tongefäße können sehr schön und natürlich wirken.

Übertöpfe sollten weder zu groß noch zu klein sein. Ihre Farbe und ihr Design strahlen ebenfalls Schwingungen ab. Deshalb müssen Sie darauf achten, daß die Farben zu der Pflanze passen und ihre Aura nicht stören.

◆ Pflanzen werden auch krank. Wenn Sie merken, daß es einer Pflanze nicht gutgeht, daß sie trotz ordentlicher Pflege nicht mehr wächst, gar verkümmert oder verdorrt, sollten Sie sie genauer in Augenschein nehmen. Wenn Sie an ihren Stengeln oder auf ihren Blättern Flecken oder andere Verfärbungen entdecken, sollten Sie auch an Schädlinge denken und sich in der Gärtnerei beraten lassen. Lassen Sie Ihre Pflanze nicht im Stich, sorgen Sie für eine rasche Behandlung.

◆ Viele Pflanzen lieben die Gemeinschaft und verkümmern, wenn sie alleine gehalten werden. Freilich gibt es auch Pflanzen, die durchaus für sich stehen können, weil sie sehr viel Kraft verströmen und eher Einzelgänger sind. Dies sind beispielsweise mächtige Zimmerbäume mit besonders markanten Formen. Dagegen fühlen sich feine, zarte, blühende Pflanzen oder Grünpflanzen mit weichen, runden Blättern im Verband wohler. Solche Wünsche sollten Sie beim Arrangement der Pflanzen in Ihrer Wohnung bedenken.

◆ Wenn Sie entkalktes Wasser – dafür gibt es spezielle Filter zu kaufen – als Gießwasser verwenden, fördern Sie Gesundheit und Wachstum Ihrer Zimmerpflanzen und verstärken ihre Energie.

BÜCHER UND ADRESSEN

Graeber, Traut/ Betz-Schiel:
Schöne Terrassen und Sitzplätze.
Stuttgart: Ulmer 1989

Greiner, Karin/ Weber, Angelika:
Moderne Gartengestaltung. Planung
und Anlage.
Niedernhausen: Falken 1992

Hoffmann, Eva Katharina:
Energiepflanzen im Haus.
München: Mosaik 1997

Jordan, Harald:
Räume der Kraft schaffen. Der west-
liche Weg ganzheitlichen Wohnens
und Bauens.
Freiburg im Breisgau: Bauer 1997

Love, Gilly:
Der Garten in der Wohnung.
Köln: DuMont 1995

Wirth, Peter:
Hausgärten planen. Entwürfe und
Beispiele.
Stuttgart: Ulmer 1984

Mehl, Ulrike/ Werk, Klaus:
Häuser in lebendigem Grün.
Niedernhausen: Falken 1989

Die Feng Shui Agentur,
Isolde Schaeffer,
Beratung, Seminare, Versand,
Keuslinstr. 1, D-80798 München,
Tel. 089/2 72 22 44,
Fax: 089/2 72 22 31

Habito, Lebensraumberatung Dirk
Schieferdecker & Sabine Edelmann,
Schuhgasse 12, D-71083 Herrenberg,
Tel.: 0 70 32/95 21 40, Fax: 0 70 32/
95 21 41

Lana Quellbrunnen und Bonsai,
Bernd Richter-Prowinsky, Vordere
Gasse 13, D-91567 Herrieden, Tel.:
0 98 25/1781, Fax: 0 98 05/ 77 03

Wunderbar–Esoterik und mehr,
Bahnhofstr. 118, 70736 Fellbach,
Tel. u. Fax 0711/57 48 68

REGISTER